CODE

DE LA

BOURSE

LA COTE ET LES AGENTS DE CHANGE

En cas de litige sur notre matière, il y a lieu de distinguer tout d'abord si les valeurs en cause figurent ou non à la cote officielle. Pour s'assurer de cela, il n'y a qu'à regarder. Si non, la vente est libre; si oui, l'intermédiaire des agents de change est obligatoire à peine de nullité des opérations. De simples spéculations d'à côté sur la hausse et la baisse seraient considérées comme actes de pari ou de jeu et donneraient lieu à l'application de l'article 1965 du code civil qui ne leur reconnaît aucune sanction et n'en n'admet pas la discussion en justice. A l'égard de ces valeurs, il n'y a de possible ni contrat direct ni contre-partie.

Le mandataire du spéculateur est toujours, et dans les cas même où il serait intervenu entre les parties des accords quelconques dégageant le banquier et le dispensant de tout compte, tenu de produire la justification que les opérations de bourse ont été faites conformément au vœu de la loi. En particulier, il est tenu d'apporter un bordereau de l'agent de change.

Quelques mandataires pensent pouvoir échapper valablement à des règles aussi strictes en opérant à l'étranger où ils peuvent, parfois, trouver des agents de change plus accommodants qu'en France et pouvoir exiper de ce qu'ils ont employé l'intermédiaire d'un agent de change. S'ils agissent ainsi en conformité des ordres du client, il n'y a rien à critiquer et l'opération est valable. Mais, s'il en est autrement, si c'est à l'insu du donneur d'ordre qu'ils ont acheté ou vendu à l'étranger, leur opération est nulle. C'est en vain qu'ils prétendraient que si leur mandat les obligeait à se servir d'un intermédiaire d'un agent de change, il se trouvait rempli puisqu'ils avaient effectivement employé à l'étranger cet officier public. Les tribunaux ont toujours condamné ce stratagème en se basant sur l'intention du donneur d'ordre qui, sans doute aucun, se portait sur l'agent de change français.

Donc quand l'intermédiaire a fait des opérations de Bourse sur valeurs inscrites à la cote officielle sans l'intermédiaire d'un agent de change, ces opérations sont radicalement nulles et le client peut en refuser de payer ses différences, ou réclamer toutes les sommes qu'il a déjà versées.

Cette nullité existe-t-elle a l'égard des deux parties? Oui, mais avec des variantes. L'intermédiaire ne peut pas réclamer l'argent qu'il aurait versé à son client en conséquence des dites opérations, mais il pourrait se refuser à payer, et le spéculateur ne pourrait, sans droit pour exiger les différences, que demander des dommages-intérêts proportionnés au préjudice qu'il a souffert. Si lui-même a consenti à ce que les opérations fussent faites (?) sans agent de change, elles sont nulles à l'égard des deux parties et toutes voies judiciaires leur sont fermées en cas de désaccord. Nos spéculateurs ont voulu ignorer la loi, la loi se refuse à en connaître. Il n'y a plus ni créancier, ni débiteur.

Cette nullité, étant d'ordre public, peut être soulevée en tout état de cause, et même d'office par le ministère public.

Les agents de change sont des officiers ministériels assez assimilables à des notaires ; leur profession est réglée de très près par la loi et, en outre, par des règlement professionnels qui en contrôlent étroitement.

l'exercice; des cautionnements considérables garantissent contre des très rares manquements, des peines s'y ajoutent contre les coupables et les risques pour ces messieurs sont tels que leur crainte prévient les défaillances. A Paris, surtout, les agents de change méritent la plus grande confiance.

Toutes les opérations qu'ils effectuent sont inscrites, d'abord, et immédiatement sur un carnet, puis reportées sur des livres obligatoires, de telles sortes que la trace ne saurait s'en perdre. Ces livres seront produits en justice chaque fois que besoin sera. Ils doivent, en outre, délivrer des bordereaux aux clients et aux intermédiaires et cette pièce est d'une grande importance en ce qu'elle atteste leur ministère quand il est obligatoire.

L'agent de change qui aurait délivré un titre irrégulier, amorti, frappé d'opposition entre ses mains ou inscrit au Bulletin officiel des oppositions, est tenu, indépendamment de tous dommages-intérêts, s'il y a lieu, de livrer un autre titre dans les trois jours, au plus tard, à partir d'une réclamation qui lui serait faite.

Sauf convention contraire, l'agent de change qui effectue une négociation répond envers son donneur d'ordre de l'exécution de cette négociation par l'agent de change avec lequel elle a été effectuée. Si, en dehors de toute contestation sur le fond du droit, la livraison ou le payement n'est pas effectué par l'agent de change dans les délais réglementaires, le donneur d'ordre peut, après avoir mis en demeure par acte extrajudiciaire, notifier en la même forme, dans le délai de vingt-quatre heures cette mise en demeure à la chambre syndicale. Au reçu de cette notification, la chambre syndicale prend, à l'égard de l'agent de change, les mesures propres à assurer l'exécution du marché. Elle l'exécute elle-même au besoin, au mieux des intérêts du donneur d'ordre et pour le compte et aux risques et périls de l'agent de change en défaut. Elle ne peut s'y refuser qu'en dénonçant la situation, dans le délai de quinze jours, au président du tribunal de commerce.

Lorsque la chambre syndicale à constaté qu'un agent de change cesse d'exécuter les marchés qui le lient à ses confréres; ces marchés sont liquidés dans les conditions déterminées par les règlements, en prenant pour base le cours moyen du jour de cette constatation. Les créances que cette liquidation peut faire ressortir en faveur de l'agent de change défaillant ne sont exigibles qu'à l'échéance primitive de chacune des opérations liquidées. Les donneurs d'ordres sont mis par l'administrateur provisoire de la charge en demeure d'opter sans délai entre la liquidation de leur marché dans les conditions ci-dessus spécifiées et le maintien de leur position chez l'agent de change défaillant.

Pour les marchés au comptant, l'agent de change est en droit d'exiger que le donneur d'ordre lui remette, avant toute négociation, les effets à négocier ou les fonds destinés à acquitter le montant de la négociation.

Dans le cas où après avertissement par lettre recommandée, le donneur d'ordre n'a pas, dans le délai de trois jours à partir de l'envoi de cette lettre, remis soit les valeurs, accompagnée, s'il y a lieu, d'une déclaration de transfert, soit les fonds destinés à acquitter le montant de la négociation et accompagnés, le cas échéant, de son acceptation, l'agent de change a le droit de procéder sans autre mise en demeure, aux risques et périls du donneur d'ordre, à l'achat de valeurs semblables ou à la vente des valeurs acquises.

Pour les marchés a terme, l'agent de change est en droit d'exiger, avant d'accepter un ordre et sauf à faire compte à l'échéance, la remise d'une couverture. Lorsque cette couverture consiste en valeurs, il a le droit de les aliéner et de s'en appliquer le prix, faute de livraison ou de payement à l'échéance par le donneur d'ordre.

Lorsque le donneur d'ordre s'est résérvé la faculté d'abandonner le marché moyennant une prime, la couverture exigée ne peut être supérieure au montant de a prime, sauf à l'agent de change à exiger qu'il lui soit remis, le jour de la réponse et dans un délai déterminé avant l'heure fixée, un supplément de couverture. Faute par le donneur d'ordre de satisfaire à cette demande, l'agent de change est en droit de liquider l'opération à l'expiration du délai imparti au donneur d'ordre.

L'acheteur a toujours la faculté de se faire livrer par anticipation, au moyen de l'escompte, les valeurs négociées, soit qu'il ait traité ferme, soit à prime. Les escomptes, donnent lieu à une liquidation anticipée dont les conditions sont fixées par les règlements. Dans aucun cas, celui qui a bénéficié d'un avantage quelconque pour effectuer une livraison en report ne peut user de la faculté d'escompte.

Le courtage dû aux agents de change sont fixés par des décrets.

COULISSIERS — REMISIERS — DÉMARCHEURS — BANQUIERS

Les agents de change sont seuls qualifiés comme intermédiaires pour l'achat et la vente des valeurs inscrites à la cote officielle. Les opérations sur toutes autres sont libres ; on dit qu'elles se font en coulisse. Cependant, on tend de plus en plus à réserver le titre de coulissiers à de puissants intermédiaires, syndiqués généralement, qui servent d'intermédiaires pour l'achat et la vente des valeurs non inscrites à la cote officielle ; ils peuvent même pour les autres, accepter des ordres qu'ils transmetteut aux agents de change. Les coulissiers syndiqués présentent au public des garanties de sécurité indiscutables.

Les remisiers sont des intermédiaires ou mandataires qui remettent aux agents de change ou coulissiers les ordres du client. Les démarcheurs sont assez assimilables à des commis-voyageurs. Les uns et les autres peuvent être très honorables et mériter toute confiance.

Cependant, on ne se livrera à eux que sur référence ou à bon escient ; jamais sans les bien connaître.

Quel que soit leur nom : coulissiers, banquiers, remisiers, toutes personnes qu'on charge d'agir en notre nom sont des mandataires et doivent rendre compte au mandant ou capitaliste de la mission dont ils ont été chargés. Ils doivent un compte détaillé, faute de quoi, aucune rétribution et aucune indemnité ne leur sont dues. Pas de compte, pas de salaire.

D'autre part, un compte est toujours une chose en principe discutable et c'est, pour échapper à une scrupuleuse vérification à cet égard, que tant de mandataires en Bourse dépensent des trésors d'ingéniosité qui ne sont souvent, pour ne pas dire toujours, que malice cousue de fil blanc ; seul le naïf s'y laisse prendre. Le spéculateur prudent, avant d'accepter et surtout de solder le compte du mandataire, prendra conseil près d'un avocat expert en ces matières et ne donnera décharge à son représentant, que s'il y a lieu. Cette réddition de compte, se fait suivant les articles 1984 à 2011, du Code civil, sur le mandat.

Le mandat, en pareille matière, n'est pas réputé gratuit ; le mandataire a droit à une rétribution. Mais à la Bourse, on aime trop les gros bénéfices de la spéculation, pour savoir se contenter d'un salaire sûr s'il est modeste. D'aucun, encore plus amoureux des prébendes, entendent joindre aux profits du contrat direct quelquefois incertains, la commission du mandataire. C'est pourquoi on trouve fréquemment, dans les conventions proposées par le contrepartiste et généralement acceptées sans plus y penser, par le spéculateur, que le banquier aura droit, pour chaque affaire, à une bonification égale au courtage que comporte l'opération. En droit strict, cette bonification est une rémunération de mandataire et fait du contrepartiste, ainsi rétribué, un simple commissionnaire. On ne peut à la fois être acheteur ou vendeur et mandataire.

Aussi, ai-je toujours conseillé aux contrepartistes prudents de rayer cette clause de leurs contrats. A cause d'elles, ils courent toujours le risque de voir les tribunaux enlever aux conventions, la qualité que les parties lui ont attribuée de contrat direct. Pourtant, la jurisprudence n'est pas bien fixe ni fixée à cet égard; les tribunaux apprécient et admettent quelquefois que cette bonification est ligitimement méritée par certaines facilités que les banquiers accordent au public. La clause n'est, du reste, pas moins sujette à caution et à procès.

Autre tort du banquier et qui peut fort bien le ramener au rôle du mandataire: il conseille son partenaire. La justice et l'équité ne sauraient admettre qu'un acheteur ou vendeur en Bourse, guidasse les opérations de la partie adverse : il ne peut pas, en effet, lui donner un bon avis sans se nuire à soi-même; l'avis ne peut donc être que mauvais. Quoiqu'il en soit, la jurisprudence a une tendance à considérer, comme mandataire l'intermédiaire qui, d'une façon occulte ou ouverte, fournit des tuyaux à son partenaire. Mais là encore la jurisprudence hésite et apprécie, elle ne condamne pas toujours et dans tous les cas.

Voici, enfin, une autre sorte de mandataire: c'est celui que les tribunaux considèrent comme ducroire et qui est tel, quand il a effectué les opérations en son propre nom et non en celui de son mandant. Dans ce cas, les tribunaux scindent son compte et ne l'obligent qu'à justifier de sa propre conduite sans avoir à produire les justifications du coulissier, qui a opéré directement.

Le banquier qui a reçu mandat de transmettre les ordres de son client pour les faire exécuter sur le Marché libre, doit justifier de l'exécution régulière de son mandat mais, en sa qualité de commissionnaire ducroire à l'égard de son client, il n'est pas tenu de faire justifier par le coulissier, qu'il s'est substitué pour l'exécution, de la réalité et de la régularité des opérations.

RÉPERTOIRES ET BORDEREAUX

Notons, en passant, ces pièces de comptabilité dont le capitaliste demandera la production à ses mandataires pour l'apurement de leur compte. En effet, toute opération devant être répertoriée le client qui aura des doutes sur la réalité des opérations pourra toujours s'en assurer en obtenant la production du répertoire ou en s'adressant à l'enregistrement.

Voici les dispositions à retenir : toute opération de Bourse ayant pour objet l'achat ou la vente, au comptant ou à terme, de valeurs de toutes natures donne lieu à la rédaction d'un bordereau soumis à un droit de timbre dont la quotité est fixée à 5 centimes par 1.000 francs ou fraction de 1.000 fr. du montant de l'opération calculé d'après le taux de la négociation. Ce droit n'est pas soumis aux décimes, il est réduit de moitié pour les opérations de report.

Quiconque fait commerce habituel de recueillir des offres et des demandes de valeurs de Bourse doit, à toute réquisition des agents de l'enregistrement, soit représenter des bordereaux d'agent de change ou faire connaître les numéros et les dates des bordereaux, ainsi que le nom des agents de change de qui ils émanent, soit, faute de ce faire, acquitter personnellement le montant des droits.

Ces mêmes personnes doivent tenir un répertoire visé et paraphé par le président ou par l'un des juges du Tribunal de commerce, et sur lequel elles inscriront chaque opération jour par jour, sans blanc ni interligne et par ordre de numéros. Ce répertoire est communiqué à toute réquisition aux agents de l'administration, sous les peines portées dans l'article 22 de la loi du 23 août 1871. En outre, lorsqu'un procès-verbal de contravention aura été dressé, ou lorsque le répertoire de l'un des assujettis ne mentionnera pas la contre-partie d'une opération constatée sur le répertoire de l'autre, l'administration aura le droit de se faire représenter, sous les mêmes peines, les écritures des deux assujettis, à la condition de limiter l'examen à une période de deux jours au plus.

LES CONSEILLEURS

C'est surtout en cette matière que les conseilleurs ne sont pas les payeurs.

Voici un spéculateur qui sur les instigations de son banquier achète 50 titres. Deux mois plus tard, une baisse sérieuse se manifeste sur ces titres et, sans d'ailleurs critiquer l'opération en elle-même, il écrit à son correspondant pour lui demander s'il ne conviendrait pas de vendre. On lui répond: « Je vous conseille de conserver vos cinquante actions avec lesquelles vous ne courrez aucun risque et que je considère comme une valeur absolument solide et d'avenir, bien qu'elle ait été influencée par la baisse de ces derniers temps. Je pense qu'une reprise ne tardera pas à se produire.»

C'était catégorique, mais d'un mauvais prophète, attendu que la hausse ne se fit jamais sentir. Aussi, au moment douloureux de la liquidation, le doneur d'ordres prétendit-il exciper de la responsabilité qu'aurait encourue le donneur de conseils pour ne point payer. Le Tribunal n'a point admis cette défense. Son jugement décide : « attendu que le banquier, n'a pas entendu par sa lettre garantir le défenseur contre une baisse plus considérable, ni l'assurer d'une hausse certaine; qu'il n'a fait que lui donner un conseil qui ne peut engager sa responsabilité; attendu que l'agent de change qui, consulté sur l'opportunité de vendre des titres, a conseillé de les conserver, parce qu'ils étaient, suivant lui, appelés à monter, ne prend point à sa charge les éventualités pouvant se présenter; qu'il n'écrit qu'un simple avis, et qu'il appartient au seul propriétaire d'aviser au mieux de ses intérêts; que cette règle doit être appliquée surtout quand le propriétaire des valeurs est au courant des affaires de Bourse, et qu'il en connait toute l'économie; qu'il en serait autrement, à la vérité, si des manœuvres avaient été employées, si une pression avait été exercée pour le déterminer à conserver les titres, mais que le demandeur n'en justifie point, et qu'il ne peut, par conséquent que s'imputer à tort à son défaut de clairvoyance ; attendu que les actions figurent dans les cotes publiées par les journaux financiers, et que si elles sont des valeurs de spéculation, ce que n'ignore par le demandeur, elles ne paraissent point être considérées comme des titres sans avenir et ne reposant que sur la crédulité publique; attendu que le banquier ne peut être accusé d'avoir trompé sciemment le défendeur, et que, par suite, il ne peut être contraint de garder pour son compte l'opération dont il s'agit».

C'est très juste, aucun de nous ne saurait assumer une responsabillité souvent très grave du simple fait de donner son avis, un conseil, une opinion. En droit et en équité, chacun ne répond que de sa faute, ce qui suppose, en principe, une certaine initiative, puis un manquement plus ou moins grave : dol, négligence, imprudence, etc., que le tribunal apprécie et qualifie, le cas échéant, de faute et sanctionne s'il y a lieu.

Je lis à ce sujet : Celui qui demande un conseil à autrui et qui reçoit un conseil préjudiciable à ses intérêts est assurément victime de sa propre faute, en s'adressant à une personne qui pouvait ne pas avoir une compétence suffisante. En matière d'opérations de Bourse à terme il est bien certain que la fluctuation des cours dépend d'évènements aléatoires qu'on ne peut prévoir et sur lesquels on ne peut se prononcer en connaissance de cause. On ne saurait raisonnablement, faire grief à un intermédiaire de la Bourse, des conséquences d'un conseil qu'il aura donné de bonne foi et sous les réserves qui se conçoivent.

LES JOURNAUX PROFESSIONNELS — RAPPORTS FRAUDULEUX

Presque tous les journaux ont un bulletin de la Bourse où, plus ou moins ouvertement, certaines affaires sont portées aux nues, données comme devant produire, de gros bénéfices et conseillées aux lecteurs. Toutes, cependant, ne sont point bonnes. On pourrait presque dire que si elles étaient si brillantes, elles n'auraient point besoin de réclame. Du fait de ces conseils, le journal n'encourt-il pas une responsabilité quelconque? Non. C'est pure réclame. Le public doit ainsi comprendre le boniment et ne pas y attacher plus d'importance qu'à un prospectus quelconque où il est admis que la vérité peut être fardée largement.

Néanmoins, la responsabilité serait indéniable si la réclame a été manifestement faite de mauvaise foi et dans l'intention de surprendre la crédulité du public. Si le journal apportait des faits erronés et faux, s'il mentait sciemment; s'il cherchait à induire le public en erreur Sans doute tout cela sera bien difficile à prouver. Il faudrait établir que l'auteur de l'article connaissait la mauvaise qualité de la marchandise et avait un intérêt à en conseiller l'achat, que les renseignements donnés étaient matériellement inexacts.

Je rapproche de notre espèce le cas des administrateurs de sociétés qui, par des rapports mensongers, induisent le public en erreur et le décident à faire des opérations désastreuses; leur responsabilité est la même que ci-dessus.

JEU

Jusqu'en 1885, quand on opérait à terme, le perdant invoquait généralement, pour ne pas payer ses différences, l'exception de jeu et s'abritait derrière l'article 1965 du Code civil, aux termes duquel « la loi n'accorde aucune sanction pour une dette de jeu ou par le paiement d'un pari ». En 1885, intervint la loi du 23 mars qui légalisa les marchés à terme: « Tous marchés à terme, dit-elle, sur effets publics et autres, et tous marchés à livrer sur denrées et marchandises sont reconnus légaux. Nul ne peut, pour se soustraire aux obligations qui en résultent, se prévaloir de l'article 1965 du Code civil, lors même qu'ils se résoudraient par le payement d'une simple différence. »

On est donc fortement tenté de dire que l'exception de jeu, en matière d'opérations de Bourse, n'existe plus. Ce ne serait pas tout à fait exact. En réalité, la loi de 1885 a créé une présomption de légalité en faveur des marchés à terme. Elle interdit aux parties d'opposer à leur égard, l'exception du jeu et au juge de rechercher l'intention des spéculateurs lorsque les opérations ont pris la forme des marchés à terme.

Cependant, la jurisprudence est en ce sens que la loi de 1885 ne doit recevoir d'application qu'à la condition qu'il y ait présomption d'un marché sérieux. Elle resterait sans effet, s'il ressortait clairement des conventions écrites, intervenues antérieurement aux opérations, que les parties ont entendu se livrer à un simple pari sur la hausse et la baisse des valeurs. On admettrait encore l'exception de jeu si les opérations n'avaient pas le caractère de marché à terme et ne donnaient lieu, sans stipulations expresses, à aucune remise de titres.

Combien de fois ai-je entendu le tribunal de commerce de Paris rendre des jugements dans ces termes: « Des opérations faites sur valeurs non cotées, par contrat direct, ne peuvent donner lieu à une action en justice et constituent le jeu prohibé si ces opérations n'ont, en réalité, jamais revêtu le caractère de marché à terme, n'ont donné lieu à aucune remise de titres et n'ont, par suite, exercé aucune influence sur le marché. »

Remarquons, d'ailleurs, que l'exception de jeu ne naîtrait pas seulement du fait que les titres n'ont pas été levés et que l'opération s'est terminée par le simple payement des différences, si la décision en ce sens est intervenue par la suite.

En résumé tous les marchés à terme sont présumés légaux ; pour que les tribunaux les considèrent comme un jeu et qu'on leur applique l'article 1965 du Code civil il faut que le débiteur démontre qu'à l'origine le contrat a été vicié par des spéculations d'où découle manifestement l'existence de simples paris sur la hausse ou la baisse des valeurs.

Un jugement de Lyon déclare : « ... Le contrat direct est nul s'il est conclu sous la réserve par l'une des parties de ne point livrer ou d'exiger l'objet du marché... Les opérations de Bourse dont la régularité et la réalité ne sont pas prouvées doivent être considérées comme de véritables opérations de jeu ou de pari sur les variations des cours... La loi du 28 mars protège les marchés à termes sérieux et non les marchés fictifs affectant les caractères de véritables opérations de jeu ou de pari... »

Le fait que les titres achetés auraient été revendus le même jour n'implique pas nécessairement qu'il y a eu jeu. Mais cette revente est-elle sérieuse ou fictive ? Si elle se fait habituellement, chaque fois, n'est-ce pas un pur jeu ? C'est à voir. Et cette preuve incombe à celle des parties qui invoque l'exception.

Les tribunaux pourraient cependant, mais avec quelle circonspection, reconnaître aux opérations le caractère du jeu dans le fait que les marchés n'étaient pas sérieux, qu'ils ne constituaient réellement pas des marchés à terme. Ce sera, alors au débiteur à produire un dossier bien clair et bien net.

CONTRAT DIRECT ; CONTRE-PARTIE ; COMPTANT DIFFÉRÉ

Ces formes de spéculation ne sont pas, en soi, illicites, mais, en dépit de ce qu'on pourrait croire, le contrat direct et la contre-partie ne sont pas toujours admis par les tribunaux, ce ne sont pas des opérations toujours légales. Dans certains cas, leurs clauses et stipulations feront la loi des parties et obligeront le débiteur à payer ses différences ; dans d'autres elles seront nulles et le spéculateur pourra toujours réclamer au banquier les sommes qu'il lui aura versées à condition bien entendu qu'il n'y ait pas compte arrêté par net appoint.

Donc, le tout est de discerner si les affaires faites et conventions intervenues sont légales et valables. C'est en suivant cette ligne de conduite très simple qu'on s'évite, d'abord, des frais de procédure onéreux, ensuite qu'on obtient, quand il y a lieu, le remboursement des fonds exposés.

Le tribunal de commerce de Lille décide que, s'agissant de valeurs non côtées, l'intermédiaire des agents de change n'est pas nécessaire pour l'exécution des opérations. En conséquence, est parfaitement licite la convention intervenue entre un banquier et son client aux termes de laquelle les opérations sont effectuées entre eux par contrat direct. Cependant, quand il s'agit de valeurs inscrites à la cote officielle, le ministère des agents de change est absolument obligatoire sans lui l'opération serait nulle.

Lorsque les opérations sur valeurs non officielles ont été traitées avec une contre-partie sérieuse, le client ne peut en demander la nullité sous le prétexte que les titres n'auraient pas existé en nature à sa disposition, alors qu'il a donné l'ordre de revendre en liquidation les titres achetés par lui antérieurement dont il n'a jamais pris livraison ni payé le montant du prix. Cette diversion vers l'exception de jeu pouvait réussir. nous l'apprécions autre part en indiquant qu'il faut l'entourer de preuves palpables : les intentions ne comptent pas, les tribunaux ne doivent pas les présumer, la loi de 1885 le leur interdit.

On pourrait encore ajouter qu'aucune disposition légale ni aucun principe ne fait obstacle à ce que un coulissier chargé d'acheter pour un client des titres à une certaine échéance, fasse, par lui-même, avec ses propres fonds et au moment où l'échéance est survenue, les opérations qui ont un renouvellement d'échéance pour effet.

Envisagé sous cet aspect, dit un jugement de Paris, le report est une véritable opération de banque absolument légale.

On sent dans ces documents quel droit d'appréciation se réservent les juges. Suivant que les apparences seront pour ou contre lui, le banquier gagnera ou perdra son procès.

Examinons maintenant les cas ou le contrat direct est discutable ou sans valeur : voici des notions que je copie dans la jurisprudence la plus récente :

L'opération de Bourse. par contrat direct ne peut résulter que d'un accord précis établissant que le donneur d'ordre a accepté le contrat de cette nature en pleine connaissance de cause. Le mandataire ou commisionnaire n'a pas le droit de se faire la contre-partie de son client à l'insu de celui ci.

Mais, il y a des formules que le banquier distribue dans sa clientèle ? Pour apprécier le caractère réel des opérations, les formules imprimées des contrats ne doivent pas être isolées du surplus des autres documents intéressant la cause et qui peuvent être versés aux débats. En conséquence, la preuve que le client n'avait pas accepté que son mandataire se muât en contrepartiste peut résulter: 1° de la stipulation ou du paiement d'un courtage; 2° de la correspondance, des conseils donnés, des instructions et des ordres demandés ; 3° de l'insertion dans les formules de marchés que l'opération serait traitée aux conditions et usages de la place de Paris, alors que l'une des parties, n'étant pas adhérente à ce marché, ne se trouvait pas dans les conditions voulues pour en suivre les reglements ; 4° des décomptes mensuels délivrés qui mentionnent des frais de mandat, etc.

J'ai prononcé le mot conseil. Un contrepartiste ne peut donner de conseils à son client ; les tribunaux voient généralement en cela le fait d'un mandataire, tant il serait contraire à la justice et à l'équité qu'un des deux adversaires guidat l'autre ; le piège serait inévitablement au bout de l'avis. Cependant, cette tendance de la jurisprudence n'est pas une règle générale. Ainsi, il a été jugé que les conseils qui auraient été donnés au client n'impliquent pas toujours que le banquier soit nécessairement un mandataire et ne puisse être un contrepartiste. Il y a donc matière à appréciation et mes lecteurs devront sérieusement et sévèrement examiner la situation avant d'assigner.

Un contrepartiste qui aurait, même occultement, un journal où se prônent certaines opérations, se mettrait en facheuse posture.

Autre chose. Je lis dans un jugement de Lyon : « Le contrat de contre-partie doit être conçu en termes clairs et formels qui ne puissent laisser aucun doute sur la volonté expresse et réciproque des parties, de considérer son co-contractant comme un vendeur ou un acheteur direct. Le contrat est nul s'il est conclu sous la réserve par l'une des parties de ne point livrer ou exiger l'objet du marché. Pourquoi ? C'est que si la loi du 28 mars 1885 protège les marchés à terme sérieux, elle ne s'aurait s'appliquer aux marchés fictifs affectant les caractères de véritables opérations de jeu ou de pari. Le banquier contrepartiste doit être considéré comme un commissionnaire ou mandataire s'il perçoit un droit de courtage, et si, en outre, il donne des conseils ; il est, dès lors, tenu de rendre compte en vertu des règles du mandat. »

C'est catégorique. Malheur au banquier traitant par un contrat direct où l'on s'est réservé le droit de ne point lever les titres, c'est-à-dire de ne pas réaliser les opérations : la jurisprudence qualifie cela de jeu. Malheur encore à lui s'il donne des conseils, s'il dirige les opérations de son client ; cela, cependant sous la réserve que j'indiquais ci-dessus. Enfin, malheur à lui, s'il prélève un courtage, ce qui caractérise le mandataire ; on ne peut, à la fois être mandataire et se faire payer comme tel ou un contrepartiste qui doit trouver uniquement son profit dans les différences sur achats et ventes.

En ce qui concerne le courtage je crois bon, cependant, de faire la même réserve que pour les conseils. La seule existence d'un courtage ne suffit pas nécessairement à donner au contrepartiste les caractère et qualité de mandataire ou commissionnaire. Certains juges, dans certains cas, admettent assez facilement que le courtier peut valablement exiger de ses clients une bonification en raison des services qu'il leur rend en leur facilitant l'accès du marché. Ces cas sont appréciés souverainement par les tribunaux et toujours par rapport aux services rendus.

Cette stipulation de commission ou courtage peut généralement être invoquée contre le contrepartiste. Dans la majorité des cas elle l'oblige, ce qui est pour lui généralement désastreux, et lui fera perdre son procès, à justifier de ses opérations.

Le grand avantage recherché par le contrepartiste, en effet, c'est de n'être tenu d'aucune justification d'opérations de Bourse, C'est purement un acheteur ou un vendeur suivant le cas. Ce n'est pas un mandataire ayant à rendre des comptes à son mandant. Son client ne peut lui demander qu'une seule chose : la livraison des titres qui font l'objet du marché. Encore, par une convention subséquente à l'opération, ont-ils pu valablement convenir que le marché se résoudra par le payement seul des différences qui en résultent.

ORDRES

Il va de soi que l'intermédiaire est tenu de justifier les ordres de Bourse qu'il prétend avoir exécutés et cela au moyen d'une preuve ou d'un commencement de preuve par écrit. Des présomptions graves, précises et concordantes y suppléeraient et il en serait ainsi quand jamais le client n'a protesté contre les bordereaux, lettres d'avis, comptes de liquidation, etc., qu'il a reçus, concernant ces opérations. La jurisprudence est en ce sens mais toujours en tenant compte des circonstances.

Même pour les valeurs cotées, un individu quelconque peut servir d'intermédiaire pour transmettre à un agen de change les ordres du public.

L'ordre doit être passé d'une façon précise ; son ambiguité s'interpréterait contre son auteur.

Il doit être accompagné, pour le marché au comptant soit des titres à vendre, soit de leur prix s'il s'agit d'un achat et, pour le marché à terme, d'une suffisante provision indiquée par les règlements. Faute de cela, l'intermédiaire serait fondé a ne pas s'y conformer.

Les ordres clairs et accompagnés des titres, espèces ou couverture, suivant le cas, seront exécutés ou refusés de suite à peine de dommages-intérêts. Tout le monde ne peut pas les refuser, les agents de change sont tenus d'y accéder quand ils sont réguliers ; les autres intermédiaires ne sont, au contraire, jamais obligés de les accepter ; mais quand il leur plaît, de les rejeter, ce doit être sans le moindre retard. Il ne faudrait pas, cependant, que ce refus constituat une faute ; il ne faudrait pas le confondre avec une négligence, ou une imprudence ou autre fait équivalent à une faute; les négligences et imprudences entraineraient à des dommages-intérêts.

Le cas peut aussi se présenter où l'ordre n'est pas exécutable dans les conditions demandées par le donneur ; on ne saurait en rendre l'agent responsable, mais il devra, sans retard, en aviser son client et agir suivant les usages de la Bourse, suivant les intentions évidentes du client, ou attendre de nouveaux ordres.

Si en l'espèce, un peu d'initiative ne nuit pas, il faut bien se garder d'en déployer outre mesure si l'on ne veut pas s'attirer des récriminations et des contestations. Si un procès s'ensuit, les tribunaux statuent suivant les circonstances ét en prenant en considération la bonne foi de l'intermédiaire ou la faute qu'il a pu personnellement commettre.

Voici, par exemple, un mandataire qui reçoit de son client avant l'ouverture de la Bourse, l'ordre de liquider le jour même toute sa position. Faute d'acheteur, il n'en fait rien ce jour-là, mais le lendemain seulement. La Cour d'appel de Paris a jugé que la circonstrnce invoquée, fût-elle vraie, n'autorisait pas le mandataire, sans un ordre nouveau, à opérer autrement qu'il lui avait été dit.

Le client, né malin, sait fort bien tirer parti de cette situation pour ne pas payer ses différences ; combien sont venus nous consulter en pareille occurence et se sont fait dire qu'évidemment ils étaient dans leur droit en se retranchant derrière leur ordre pour laisser la perte éprouvée au compte du banquier.

L'ordre de Bourse donné « au mieux » laisse à l'appréciation de l'intermédiaire le choix du moment et des cours pour son exécution. En conséquence, le donneur d'ordre ne peut faire grief à son mandataire d'avoir mal exécuté un ordre « au mieux » qu'à la condition d'apporter, à l'encontre de ce mandataire, la preuve d'une faute ou d'un dol pouvant, aux termes de l'article 1992 du Code civil, engager sa responsabilité professionnelle.

L'intermédiaire nanti d'un ordre « au mieux » avant l'ouverture de la Bourse, ne commet aucune faute susceptible d'engager sa responsabilité, en vendant au premier cours, conformément à une pratique constante, des titres qui, s'ils ont atteint un cours plus élevé dans la journée, pouvaient, au contraire, en raison de l'état troublé du marché, subir une forte baisse et tomber à un cours inférieur à celui du début de la Bourse.

Cet exemple, puisé dans une jurisprudence récente et d'ailleurs constante, indique quelle latitude l'ordre « au mieux » laisse à l'intermédiaire qui n'est responsable, dès lors, que d'une faute lourde, de sa mauvaise foi, etc.

L'ordre de Bourse, donné sans indication spéciale équivaut à l'ordre « au mieux ».

En matière d'ordre, il faut tenir compte des usages de Bourse ; on est toujours présumé s'y référer quand on n'y déroge pas formellement ou quand on ne spécifie pas.

COUVERTURE

La couverture est une garantie consistant soit en espèces soit en titres réalisables que le mandant remet à son mandataire. Quels ont sur elle les droits réciproques de chaque partie ?

D'une façon générale, en principe, la couverture est un nantissement et, à ce titre, elle ne saurait être acquise, de plein droit et jusqu'à dure concurrence a l'intermédiaire qui est devenu le créancier de son client. Le droit commun, en matière de gage, s'applique ici. L'intermédiaire ne peut se payer sur ce qu'on lui a remis en gage que quand sa créance est certaine et liquide après reddition et vérification du compte. Sur son montant il est, évidemment, privilégié.

Par contre, rien ne s'oppose à ce que par une convention entre les parties, il ne soit stipulé, que la couverture est remise à l'intermédiaire en paiement anticipé. Pour que cette clause sorte tout son effet et vaille, le cas échéant, un transfert de propriété, il faut qu'elle soit bien claire et bien précise.

Quand la couverture revêt ce caractère de paiement anticipé — ce qui est assez rare, le public ne se prêtant guère à une exécution préalable — elle est acquise à l'intermédiaire au prorata de sa créance contre le spéculateur, lequel ne pourra plus la réclamer sans établir qu'il est victime d'un dol, d'une fraude ou de violence.

CORRESPONDANCE

D'une façon générale les intermédiaires ne ménagent

pas les lettres dans les comptes de liquidation. Que doit faire le client qui les reçoit ? Jusqu'à quel point cette correspondance l'engage-t-il ? Je trouve une réponse à peu près catégorique dans un jugement du tribunal de la Seine qu'il est intéressant de relater :

« Lorsqu'il est établi, dit ce jugement, et justifié aux débats que l'intermédiaire a régulièrement envoyé à son client, au domicile de ce dernier, les lettres d'avis et les comptes de liquidation, le tribunal, en l'absence de toute protestation contre ces pièces par leur destinataire, ne saurait sérieusement s'arrêter à la considération tirée par le client d'absence de son domicile. En admettant que les déplacements aient pu retarder l'ouverture des lettres, il serait puéril d'admettre qu'elles aient eu pour résultat de le priver de son courrier. Le tribunal doit donc retenir que le client a effectivement reçu les papiers que lui envoyait l'intermédiaire. Cette constatation suffit à établir à la fois le mandat, même indirect, en vertu duquel le banquier a agi et la validité de l'exécution qu'il lui a donnée. Il a, en effet, été jugé à maintes reprises que les lettres d'avis et comptes de liquidation établissent un lien de droit certain entre les parties et que le client qui les a reçues sans protestation ne peut plus invoquer le défaut d'ordres. »

Ce jugement indique au lecteurs combien ils auraient tort de se croire à l'abri de toute responsabilité, en ne répondant point à la correspondance de leur mandataire. Sans doute l'expression commune «qui ne dit rien consent» n'a rien de juridique ; cependant il convient de remarquer, avec l'article 330 du Code de procédure, concernant l'interrogatoire sur faits et articles, que, « si l'assigné refuse de répondre, les faits pourront, néanmoins, être tenus pour avérés». Tout dépendra des circonstances. La correspondance dédaignée ne suffit pas à elle seule pour légitimer des opérations et des prétentions sans valeur. Pourtant, je conseille toujours à mes clients d'y répondre par une lettre de protestation recommandée.

LIQUIDATIONS

Il y a la liquidation ordinaire qui se pratique aux dates ou échéances prévues par les règlements et suivant ses us et coutumes. Il y a la liquidation anticipée ou escompte par laquelle un acheteur se fait livrer, avant le jour fixé, les valeurs négociées à la condition pour lui, d'en payer l'escompte. Enfin, il y a la liquidation d'office qui doit nous arrêter plus longuement.

Le donneur d'ordre peut être liquidé d'office et avant le terme convenu toutes les fois qu'il manque à fournir la couverture ou le supplément de couverture, par lui promis, ou qu'il n'exécute pas ses engagements. Un banquier peut encore se réserver expressément, par une clause de son contrat, le droit de liquider tout ou partie de la position du client, aussitôt que sa provision est absorbée ou sur le point de l'être, sans attendre l'échéance normale de la liquidation. Pour cette exécution avant terme, il faut donc une clause spéciale, car qui à terme ne doit, en Bourse comme partout.

On voit pourtant des intermédiaires qui, avant l'échéance du terme, soit parce qu'ils n'ont pas obtenu le supplément de couverture qu'ils ont cru devoir demander, soit parce que les fluctuations des cours rendent leur position dangereuse, s'arrogent le droit d'exécuter leurs clients en les liquidant de suite, sans autre forme de procès ou seulement, en les prévenant par lettre recommandée que, faute par eux de verser un supplément de provision, ils vont être liquidés.

Je le répète, cette exécution, à moins de conventions particulières qui, au reste, ne sont point rares, est radicalement nulle et expose leur auteur à une responsabilité certaine. Le spéculateur, ainsi avisé et mis en demeure, devra répondre à la lettre du mandataire, par une protestation formelle et réserver tous ses droits.

Par voie de conséquence, l'intermédiaire qui a reporté son client, lui proroge son terme et ne peut l'exécuter avant la prochaine liquidation, sans commettre un acte arbitraire qui engage sa responsabilité et le rend passible de dommages-intérêts.

RÈGLEMENT DE COMPTE

Dans le doute sur la valeur des opérations qu'a effectuées votre mandataire, ne réglez rien, ne signez pas sans demander, un préalable conseil.

Après chaque liquidation et au jour indiqué par les règlements, les comptes doivent être arrêtés, puis soldés. Cette opération est capitale et diverse. La façon d'agir, la plus simple, consiste, pour le débiteur, à payer ce qu'il doit en soldant par net appoint, c'est-à-dire par francs et centimes.

Le débiteur peut encore reconnaître le compte et se faire reporter en compte courant. Il se pourrait enfin qu'au lieu de tout cela, se fasse un simple relevé de compte. Cette dernière hypothèse de relevé de compte n'équivaut pas à un règlement, ce n'est qu'une pièce de comptabilité laissant entièrement, aux parties, le droit de vérification et de discussion. La porte est toujours ouverte au procès. Cette situation ambiguë semble plutôt favorable au spéculateur qu'au banquier ou à l'intermèdiaire.

Le report en compte courant, quand il est fait régulièrement, est un véritable règlement. Il arrête et termine les opérations précédemment faites, il opère une véritable novation et substitue, à l'obligation quelconque qu pourrait préexister, une reconnaissance indiscutable de dette. Mais, le compte courant est un véritable contrat synallagmatique qu'on ne rencontre guère en matière de spéculations de Bourse.

Le règlement par net appoint, c'est-à-dire par paiement du compte en espèce après apurement, reste donc le type le plus net en l'espèce. J'ai dit paiement en espèces, car, en pratique, on s'entend souvent pour solder un compte par la remise d'un billet à ordre ou autre effet de commerce. Cette façon de faire ne constitue pas un paiement ce n'est qu'une promesse de payer à une date déterminée ; ce n'est pas un règlement, si la création du billet n'a été précédée d'une vérification et d'un arrêté du compte et même avec cette approbation, le règlement définitif reste encore douteux, certains tribunaux ne l'admettent pas.

La même observation s'applique au chèque.

Or, l'importance d'un règlement définitif réside en ceci : qu'il éteint toute action de part et d'autre concernant les opérations, il éteint toute obligation. Une fois le règlement définitif fait, on ne peut plus revenir sur les opérations qui l'ont causé.

Il faut pourtant que ce règlement ait été effectué sans dol, fraude ou violence et en notre matière il n'est pas excessivement rare de voir un banquier peu scrupuleux n'obtenir un règlement qu'en trompant son client pas toujours assez au courant de ces sortes de choses et trop prompt à donner satisfaction à la demande fallacieuse de l'intermédiaire. Quand le règlement le plus définitif serait entaché d'un de ces trois vices : dol, fraude ou violence, on pourrait toujours en poursuivre l'annulation en justice. L'action, à cette fin, ne se prescrit que par dix ans et il n'est pas bien difficile à un avocat de découvrir l'argument qui permet au spéculateur berné, le recouvrement de son argent.

Il y aurait encore lieu à revision s'il y avait des erreurs, omissions, faux ou double emploi et seulement pour une rectification arithmétique et le remboursement de l'indu. Le fond du compte resterait définitif.

Le versement d'un acompte n'équivaut pas à un règlement définitif. Mais, où certains ne voient que des acomptes, d'autres voient un paiement total. La Cour de Cassation a même décidé que l'acceptation ou l'approbation d'un compte d'opérations irrégulières, ne sont pas non plus suffisantes pour couvrir la nullité résultant du défaut d'intermédiaire légal et ne peuvent équivaloir à un règlement définitif. On voit par là que si le règlement définitif est d'importance, s'il ne faut y procéder qu'après un apurement sévère des opérations et fait par des gens compétents, il reste encore à savoir si le règlement intervenu est bien celui à qui la loi et la jurisprudence attachent la force d'un jugement. On fera bien de s'en assurer, et, au besoin, de plaider.

VENTE A CRÉDIT DE VALEURS COTÉES

Cette partie est régie par la loi du 12 mars 1900, dont le titre est significatif : loi ayant pour objet de réprimer les abus commis en matière de vente à crédit de Valeurs de Bourse ». C'est une loi que les tribunaux interprètent largement, dont ils étendent même le rayon d'action et qu'ils appliquent rigoureusement. Aux termes de son article premier « sera déclarée nulle, sur la demande de l'acheteur, sans préjudice de tous dommages-intérêts, même s'il y a eu commencement d'exécution, toute cession, quelque forme qu'elle emprunte, consentie par acte sous signature privée, de valeurs ou parts cotées à la Bourse, moyennant un prix payable à terme, en totalité ou en partie, si elle contrevient aux prescriptions que nous allons indiquer plus loin. » Il ne s'agit donc bien que de valeurs de Bourse vendues à crédit par acte sous seing privé.

L'acte doit être fait en double original et chacun des originaux doit porter cette mention : « Fait double » ou une autre analogue. Quelquefois, le vendeur esquive la difficulté en ne remettant pas à l'acheteur l'un des doubles originaux, le contrat n'en est pas moins valable. D'ailleurs, la preuve de la supercherie n'aboutirait qu'à se faire remettre l'exemplaire indûment retenu. En outre, chaque original doit indiquer clairement, en toutes lettres et d'une façon apparente 1° l'un des cours cotés à la Bourse de Paris (et non d'ailleurs) dans les quatre jours précédant la cession et, à défaut, le dernier cours coté ; 2° le numéro de chacune des valeurs vendues ; 3° le prix total de vente de chacune des valeurs, y compris tous frais de timbre et de recouvrement par la poste ou autrement ; le taux d'intérêt les délais et conditions de remboursement. L'acte doit encore dire si la valeur n'est pas complètement libérée et ce qu'il reste encore à verser sur son prix.

Les payements fractionnés ne peuvent être échelonnés sur une durée de plus de deux ans. D'autre part le vendeur est tenu de conserver le titre vendu. Il ne peut s'en dessaisir, ni le mettre en gage. Il doit le représenter à toute réquisition de l'acheteur ; toute stipulation contraire serait nulle et non avenue. Il en serait de même de toute clause ou de toute mention dérogeant directement ou indirectement aux règles générales de la compétence qui veulent que le défendeur soit assigné devant le tribunal de son domicile.

Le vendeur qui aurait détourné, dissipé ou mis en gage, au préjudice de l'acheteur, le titre qu'il aurait vendu, commettrait un abus de confiance et serait passible des peines édictées contre ce délit. L'affaire est donc de la compétence du tribunal correctionnel et peut donner lieu à une plainte préalable entre les mains du procureur de la République.

Un article de cette loi du 12 mars 1900, interdit aux établissements qui se livrent à la vente à crédit des valeurs de Bourse, de faire entrer dans leur dénomination, les mots : « Caisse d'épargne » sous peine contre le Directeur, d'une amende de 25 à 3.000 francs.

En cas de nullité pour vice de forme, c'est-à-dire pour manquement aux prescriptions de la loi, l'acheteur sera restitué des sommes quelconques qu'il a versées et. de plus, se verra alloué des dommages-intérêts s'il a subi un préjudice du fait du vendeur.

TITRES AU PORTEUR PERDUS, VOLÉS OU DÉTRUITS

Le propriétaire de titres au porteur, qui en est dépossédé par quelque évènement que ce scit peut se faire restituer contre cette perte dans la mesure et sous les conditions suivantes : sans perdre de temps, il fera notifier par huissier, au Syndicat des agents de change de Paris, un acte d'opposition indiquant le nombre, la nature, la valeur nominale, le numéro et, s'il y a lieu, la série des titres avec réquisition, sous la condition de paiement du coût, (0 fr. 50 par numéro de valeur et par an) de publier, dans la forme qui sera ci-après déterminée, les numéros des titres dont il a été dépossédé.

Il devra aussi, autant que possible, énoncer : 1° l'époque et le lieu où il est devenu propriétaire, ainsi que le mode de son acquisition ; 2° l'époque et le lieu où il a reçu les derniers intérêts ou dividendes ; 3° les circonstances qui ont accompagné sa dépossession. Cet acte contiendra une élection de domicile à Paris, chez un huissier, avocat avoué, etc., etc.

Notification sera également faite par huissier, au nom du propriétaire dépossédé, à l'établissement qui a émis les titres ou qui doit payer les intérêts, coupons, dividendes etc. L'acte contiendra les indications ci-dessus requises pour l'exploit notifié au Syndicat des agents de change, de plus, à peine de nullité, une copie, certifiée par l'huissier instrumentaire, de la quittance délivrée par le Syndicat, du coût de la publication prévue ci-après. Cette quittance, soumise au seul droit de timbre de dix centimes (0 fr. 10), s'il y échet, sera dispensée d'enregistrement. Il sera fait, dans l'acte élection de domicile dans la commune du siége de l'établissement débiteur : chez l'huissier, par exemple. La notification ainsi faite emportera opposition au paiement tant du capital que des intérêts ou dividendes échus ou à échoir, jusqu'à ce que mainlevée en ait été donnée par l'opposant ou ordonnée par justice, ou jusqu'à ce que déclaration ait été faite, par le Syndicat des agents de change, à l'établissement débiteur, de la radiation de l'opposition.

S'il s'agit de coupons détachés du titre, il n'y aura pas lieu à la notification au Syndicat des agents de change, ni à l'insertion au Bulletin quotidien. Le porteur dépossédé ne sera tenu que de l'opposition à l'établissement débiteur.

Lorsqu'il se sera écoulé une année depuis l'opposition, sans qu'elle ait été formellement, par une assignation en main-levée devant le tribunal des référés, de son propre domicile comme nous l'expliquons plus loin, contredite par un tiers se prétendant propriétaire du titre frappé d'opposition, et que, dans cet intervalle, deux termes au moins d'intérêts ou de dividendes auront été mis en distribution, l'opposant pourra se pourvoir auprès du président du tribunal civil du lieu de son domicile, ou, s'il habite hors de France auprès du président du tribunal civil du siège de l'établissement débiteur, afin d'obtenir l'autorisation de toucher les intérêts ou dividendes échus, ou même le capital des titres frappés d'opposition. dans le cas où ledit capital serait ou deviendrait exigible ; l'intermédiaire d'un avoué est, alors, nécessaire. Le même droit appartiendra au porteur dépossédé de titres ne donnant pas droit à des intérêts ou dividendes, ou à l'égard desquels il y a eu cessation des distributions périodiques. Mais en ce cas, il ne pourra être exercé que lorsqu'il se sera écoulé trois ans depuis l'opposition, sans qu'elle ait été contredite dans les termes indiquées ci-dessus.

Si le président accorde l'autorisation, l'opposant devra, pour toucher les intérêts ou dividendes, fournir une caution solvable, dont l'engagement s'étendra au montant, des annuités exigibles et, de plus, à une valeur double de la dernière annuité échue.

Le tiers, avant de demander la main-levée en justice fera toujours bien de tenter une démarche amiable en établissant ses droits ; cela suffira de plus souvent ; surtout quand ces droits sont certains.

Après deux ans écoulés depuis l'autorisation, sans que

l'opposition ait été contredite par assignation comme nous l'avons déjà dit, la caution sera de plein droit déchargée.

Si l'opposant ne veut ou ne peut fournir la caution requise, il pourra, sur le vu de l'autorisation, exiger de la Compagnie le dépôt à la Caisse des dépôts et consignations des intérêts ou dividendes échus, et de ceux à échoir au fur et à mesure de leur exigibilité.

Après deux ans écoulés depuis l'autorisation sans que l'opposition ait été contredite l'opposant pourra retirer de la Caisse des dépôts et consignations les sommes déposées et percevoir librement les intérêts ou dividendes à échoir au fur et à mesure de leur exigibilité.

Si le capital des titres frappés d'opposition est devenu exigible, l'opposant qui aura obtenu l'autorisation ci-dessus pourra en toucher le montant, à charge de fournir caution, ou, s'il le préfère, exiger de la Compagnie que le montant dudit capital soit déposé à la Caisse des dépôts et consignations.

Lorsqu'il se sera écoulé dix ans depuis l'époque de l'exigibilité, et cinq ans au moins à partir de l'autorisation sans que l'opposition ait été contredite la caution sera déchargée, et s'il y a eu dépôt, l'opposant pourra retirer de la Caisse des dépôts et consignations les sommes en faisant l'objet.

La solvabilité de la caution à fournir, sera appréciée comme en matière commerciale, c'est-à-dire sans exiger qu'elle possède des propriétés foncières. S'il s'élève des difficultés, il sera statué en référé par le président du tribunal du domicile de l'établissement débiteur. Il sera loisible à l'opposant de fournir un nantissement aux lieu et place d'une caution. Ce nantissement pourra être constitué en titres de rentes sur l'Etat. Il sera restitué à l'expiration des délais fixés pour la libération de la caution. Nous avons encore vu qu'il pouvait demander la remise des titres ou sommes en litige à la Caisse des Dépôts et Consignations.

En cas de refus de l'autorisation dont il a été parlé l'opposant pourra saisir, par voie de requête, le tribunal civil de son domicile, ou, s'il habite hors de France, le tribunal civil du siège de l'établissement débiteur, lequel statuera après avoir entendu le ministère public. Le jugement obtenu dudit tribunal produira les effets attachés à l'ordonnance d'autorisation.

Quand il s'agira de coupons au porteur détachés du titre, si l'opposition n'a pas été contredite, l'opposant pourra, après trois années à compter de l'échéance et de l'opposition, réclamer le montant desdits coupons de l'établissement débiteur, sans être tenu de se pourvoir d'autorisation.

Les paiements faits à l'opposant, suivant les règles ci-dessus posées, libèrent l'établissement débiteur envers tout tiers porteur qui se présenterait ultérieurement. Ce tiers porteur conserve seulement une action personnelle contre l'opposant qui aurait formé son opposition sans cause; à défaut d'accord amiable, il la portera devant le tribunal.

Si, avant que la libération de l'établissement débiteur soit accomplie, il se présente un tiers porteur des titres frappés d'opposition, ledit établissement doit provisoirement retenir ces titres contre un récépissé remis au tiers porteur; il doit, de plus, avertir l'opposant, par lettre chargée, de la présentation du titre, en lui faisant connaître le nom et l'adresse du tiers porteur. Les effets de l'opposition restent alors suspendus jusqu'à ce que la justice ait prononcé entre l'opposant et le tiers porteur, ou que les parties se soient mises d'accord.

Sur le vu de l'exploit d'opposition et de la réquisition y contenue, le Syndicat des agents de change de Paris sera tenu de publier les numéros des titres dont la dépossession lui est notifiée. Cette publication, qui aura pour effet de prévenir la négociation ou la transmission desdits titres, sera faite le surlendemain, au plus tard, par les soins et sous la responsabilité du Syndicat des agents de change de Paris, dans un bulletin ad hoc. Elle a lieu et est continuée moyennant une rétribution annuelle payée d'avance à la caisse du Syndicat, faute de quoi la dénonciation de l'opposition ne serait pas reçue, ou la publication ne serait pas continuée à l'expiration de l'année pour laquelle la rétribution aura été payée.

Un mois après l'échéance de la publication non renouvelée, le Syndicat fera parvenir à l'établissement débiteur la liste des titres qui n'auront pas été maintenus au Bulletin des oppositions ; avis lui sera donné, en même temps que cette notification lui tient lieu de mainlevée pour tous paiements de coupons, remboursement de capital, conversions, transferts, etc., et lui donne pleine et entière décharge, à condition que les numéros signalés comme rayés du Bulletin concordent bien avec ceux inscrits sur les registres de la Compagnie comme frappés d'opposition.

La négociation qui rend sans effet toute publication postérieure de l'opposition sera réputée accomplie, dès le moment où aura été opérée, sur les livres des agents de change, l'inscription des numéros des titres vendus pour compte du donneur d'ordre et livrés par lui. Si la publication, bien que postérieure à cette inscription, survient avant la livraison ou l'attribution au donneur d'ordre ou à l'agent de change acheteur, l'opposant pourra, sur la demande de mainlevée formée par l'agent de change ou par tout autre ayant droit, réclamer les titres contre remboursement du prix.

Lorsqu'il se sera écoulé dix ans depuis l'autorisation obtenue par l'opposant, et que, pendant ce laps de temps, l'opposition aura été publiée sans être contredite l'opposant pourra exiger de l'établissement débiteur qu'il lui soit remis un titre semblable et subrogé au premier (duplicata). Ce titre devra porter le même numéro que le titre originaire, avec la mention qu'il est délivré par duplicata. Le titre duplicata conférera les mêmes droits que le titre primitif, et sera négociable dans les mêmes conditions. Dans ce cas le titre primitif sera frappé de déchéance, et le tiers qui le représentera après la remise du nouveau titre à l'opposant n'aura qu'une action personnelle contre celui-ci, au cas où l'opposition aurait été faite sans droit.

Le porteur d'un titre frappé d'opposition peut poursuivre la mailevée de cette opposition de la manière suivante : il fera sommation à l'opposant d'avoir à introduire dans le mois, une demande en revendication, qui sera portée devant le tribunal civil du domicile du porteur actuel du titre. Cette sommation sera signifiée au domicile de l'opposant, et si celui-ci n'a pas de domicile connu en France, au domicile élu dans l'opposition notifiée au Syndicat des agents de change de Paris. Elle indiquera, autant que possible, l'origine et la cause de la détention du titre, ainsi que la date à partir de laquelle le porteur est à même d'en justifier : en cas d'acquisition par achat, elle indiquera le montant du prix d'achat et contiendra aussi copie d'un certificat délivré par le Syndicat des agents de change, mentionnant la date à laquelle les titres ont paru pour la première fois au Bulletin, ledit certificat non soumis au droit d'enregistrement.

Imp. MODERNE 47, Boulevard de Ménilmontant.— PARIS.

CODE DU PROPRIÉTAIRE à la ville et à la campagne

1. **Locations urbaines** : réparations, congé.
2. **Locations rurales** : cheptel, warrants, engrais, merite agricole.
3. **Servitudes** : mur, haies, distances, eaux.
4. **Constructions** : devis, architecte, alignement.
5. **Hypothèques** : inscription, réduction, purge.
6. **Animaux domestiques** . chats, chiens, pigeons, etc.
7. **Vices rédhibitoires : Police sanitaire.**
8. **Rentes viagères; Assurances vie.**
9. **Actes sous seing privé** : comment les faire
10. **Assurances** incendie, glaces, risques commerciaux.
11. **Bornage; Habitations à bon marche; Biens de famille.**
12. **Cours d'eau** : curage, moulin, canotage

Chaque fascicule séparé **0.75, franco 0.85.**

● Les 12 fascicules réunis en un volume broché **6** francs

CODE DES PLAIDEURS

1. **Justice de paix** : procédure, pouvoir, frais, etc.
2. **Tribunal civil** : procédure, pouvoir, frais, etc
3. **Cour d'appel et de cassation** : procédure pouvoir, frais, etc.
4. **Tribunal de commerce et conseils de prud'hommes : procédure,** pouvoir, frais, etc.
5. **Conseils de préfecture et d'Etat** : Procédure, pouvoir, frais, etc.
6. **Créanciers et débiteurs** : mesures à prendre.
7. **Police** : gendarmes, gardes champêtres, gardiens de la paix.
8. **Crimes, délits, contraventions** : casier judiciaire.
9. **Frais de justice** : avoues, avocats, huissiers, taxe
10. **Tribunaux repressifs** : plainte, recours
11. **Liberté individuelle.**
12. **Arbitrage amiable** : plus de procès.

Chaque fascicule séparé **0.75, franco 0.85.**

● Les 12 fascicules réunis en un volume broché **6** francs.

CODE DES CHEMINS DE FER

1. **Voyageurs** : place, portière, retards, accidents.
2. **Bagages** ; déclarations, perte, avarie.
3. **Transport de marchandises** : tarifs, indemnite

Chaque fascicule séparé 0.75, franco 0.85.

● Les 3 fascicules réunis en un volume broché 2 francs.

CODE DU TRAVAIL (Patrons et Ouvriers)

Travail : patrons, ouvriers, tâcherons, grèves
Accidents du travail : calcul de la rente, etc.

● Les 2 fascicules réunis en un volume broche 1 50

AUTRES CODES USUELS

Code de la Pêche : lignes, drogues, appats, grenouilles.	0.75
Code de la Bourse : piège, comptes, liquidation . . .	0.75
Code-tarif des notaires : responsabilités	0.75
Code des Métiers : bouchers, boulangers, coiffeurs photogr, etc.	0.75
Code des Saisies : comment les éviter	0.75
Code de l'Assistance judiciaire ordre, référé.	0.75

Code de l'hôtelier restaurateur et Cafetier 1.50

« ÉDITIONS & LIBRAIRIE », E. CHIRON, Éd., 40, rue de Seine, Paris-6e.

TEXTE OFFICIEL
ET
COMMENTAIRES DES LOIS

LOYERS

Texte officiel de la loi du 9 mars, suivi des circulaires ministérielles relatives à son application et du texte des lois des 4 janvier 1919, 23 octobre 1919, 26 octobre 1919 (Baux d'immeubles dans les *pays envahis*), 3 novembre 1919 (Baux des *fermiers* et *métayers*) 1.00
Franco : 1.20

La loi des loyers à la portée de tous, par SOULIÉ et GARDÈS, le commentaire le plus clair et le plus complet de la loi sur les loyers 3.00
Franco : 3.30

L'interprétation de la loi des loyers par la Cour de Cassation, par TORAU-BAYLE, avocat à la Cour d'Appel de Paris. Recueil des arrêts faisant désormais jurisprudence en matière de loyers. 2 50
Franco : 2,65

PENSIONS MILITAIRES

Texte officiel de la loi du 31 mars 1919, suivi des tableaux annexes et du décret d'administration publique du 2 septembre 1919 . . . . 1.00
Franco : 1.20

La loi des pensions militaires à la portée de tous, par le Capitaine LABAU et J. SOULIÉ, le commentaire explicatif le plus clair de la loi des pensions militaires, suivi de 12 modèles de demandes concernant tous les cas (militaires, veuves, ascendants, etc.). 3 00
Franco : 3.30

Barème pour la classification des infirmités en vue de la concession des pensions militaires accordées par la loi du 31 mars 1919, texte officiel du décret du 29 mai 1919. 1.50
Franco : 1,65

DOMMAGES DE GUERRE

Texte officiel de la loi du 17 avril 1919 sur la réparation des dommages de guerre, suivi du règlement d'administration publique du 2 juin 1919 . . . . 1.00
Franco : 1.20

"EDITIONS & LIBRAIRIE"

E. CHIRON, Editeur, 40, Rue de Seine, PARIS (VIe)

www.ingramcontent.com/pod-product-compliance
Ingram Content Group UK Ltd.
Pitfield, Milton Keynes, MK11 3LW, UK
UKHW022007260726
13994UKWH00004B/1972

9 782329 071176